Bad Hindelang

Bschießer Giebelhaus Schrecksee

Drei Fototouren im Allgäu

Johann Schubert (primapage)

Impressum

Bibliografische Information der Deutschen Nationalbibliothek: Die Deutsche Nationalbibliothek verzeichnet diese Publikation in der Deutschen Nationalbibliografie; detaillierte bibliografische Daten sind im Internet über dnb.dnb.de abrufbar.

Johann Schubert
Am Ostrachdamm 11
87527 Sonthofen

Website: primapage.de
E-Mail: schubsinf@gmail.com
Telefon: 08321 78 0 87 43

Text, Fotos, Layout: Johann Schubert Alle Rechte liegen beim Autor
© 2020 Schubert, Johann

Herstellung und Verlag:
BoD – Books on Demand, Norderstedt.
ISBN: 9783 751 967 075

Bilder auf dem Einband: Bad Hindelang

Vorderseite

Hinterstein Blick vom Weg zwischen Köpfle und Wildfräuleinstein über das Ostrachtal.

Rückseite

Blick vom Ufer der Ostrach Richtung Hubertuskapelle, dahinter der Giebel.

Bad Hindelang Bschießer Giebelhaus Schrecksee

Drei Fototouren im Allgäu

Johann Schubert (primapage)

Vorwort

Aus dem Bildband "Wandern von Oberstdorf und Sonthofen bis Bad Hindelang - 48 Touren im Allgäu" werden hier drei Touren von Bad Hindelang als Fototouren vorgestellt. Anstelle der 18 Bilder und Kurzbeschreibungen im Bildband werden die drei Fototouren detailiert mit über 100 Fotografien erklärt.

Die Bilder zeigen vor den Ausflügen lohnenswerte Orte zum Innehalten und Fotografieren. Nach dem Wandererlebnis wird der Band beim Betrachten angenehme Erinnerungen wachrufen. Das gilt besonders für Naturfreunde, die keine Bilder dieser Touren besitzen.

Die Übersichtskarten und Infos über Beginn, Tourenstrecke, Dauer, Länge, Höhendifferenz und Leistungsbedarf der Wanderungen helfen beim Planen und Vergleichen der Touren. Am Ende des Bandes hilft dabei die Liste von 48 Touren im Allgäu nach dem Leistungsbedarf.

Hindelang Bschießer Zipfelsalpe

Fototour im Allgäu

primapage
Tour 1 - A3-07

1 Hindelang Tour Willersalpe Bschießer Zipfelsalpe

Von Bad Hindelang im Allgäu schenkt die Tour Hinterstein - Köpfle - Willersalpe - Zirleseck - Bschießer - Zipfelsalpe - Zipfelsfälle beglückende Aussichten.

Wer die Rundtour vom Parkplatz an der Kirche in Bad Hindelang, Hinterstein aus in Richtung Zipfelsalpe wandert, hat für das Fotografieren der imposanten Zipfelsfälle vormittags beim Aufstieg bessere Lichtverhältnisse.

Hier wird die Tour in Richtung Willersalpe beschrieben. Die Aussicht morgens auf die Bergwelt wird auf den Weg über das Köpfle und dem Wildfräuleinstein zum Erlebnis. Die Willersalpe und die sie umgebende Landschaft ist am Vormittag besonders gut beleuchtet.

Beim Aufstieg kurz vor dem Bschießer nach dem Abzweig zum Ponten ist ein kurzer Teil des Bergsteiges mit größeren Steinen und Geröll mühevoll zu begehen. Das Beseitigen des rutschenden Gerölls vom Steig wäre für ältere Bergwanderer hilfreich.

Vom Bschießer mit prächtigem Rundblick vom Grünten bis zum Hochvogel beendet der angenehme Abstieg zur Zipfelsalpe und weiter nach Hinterstein über die Wasserfälle die Rundwanderung.

Von Hinterstein zum Köpfle

Vom Parkplatz an der Kirche in Hinterstein beginnt rechter Hand der Aufstieg zum Aussichtspunkt Köpfle.

Bänke laden hier zur Rast ein mit Blick über das Ostrachtal. Zum Wildfräuleinstein führt ein leicht ansteigender Waldpfad. Er mündet in den im Wald hoch steigenden Weg zur Willersalpe.

Vom Köpfle über Wildfräuleinstein zur Willersalpe

Im Rückblick ist von links der Großer Daumen, Rotspitz, Heubatspitze und Breitenberg zu sehen.

Nach dem Ende des Bergwaldes wird auf 1.400 Meter Höhe der Blick frei auf die Alm und Bergwelt.

Auf der Willersalpe

Bild oben: Der kleine See bereichert den Blick über die Willersalpe zum Großer Daumen. Bild rechts: Blick auf die Willersalpe Richtung Zirleseck.

Nach erholsamer Rast auf der Terrasse der Willersalpe zeigen sich - beim bald steiler werdenden Aufstieg zum Zirleseck - der Großer Daumen (2.280 m) und die Rotspitz (2.034 m).

Aufstieg zum Zirleseck

Von der Willersalpe dreimal der Blick zurück zum Großer Daumen

Nach dem sonnigen Aufstieg wird an der Grenze zwischen Tirol und Bayern das Zirleseck erreicht. Der Blick wird frei auf das Tannheimer Tal mit dem imposanten Gipfel des Gimpels.

Zirleseck in Bayern

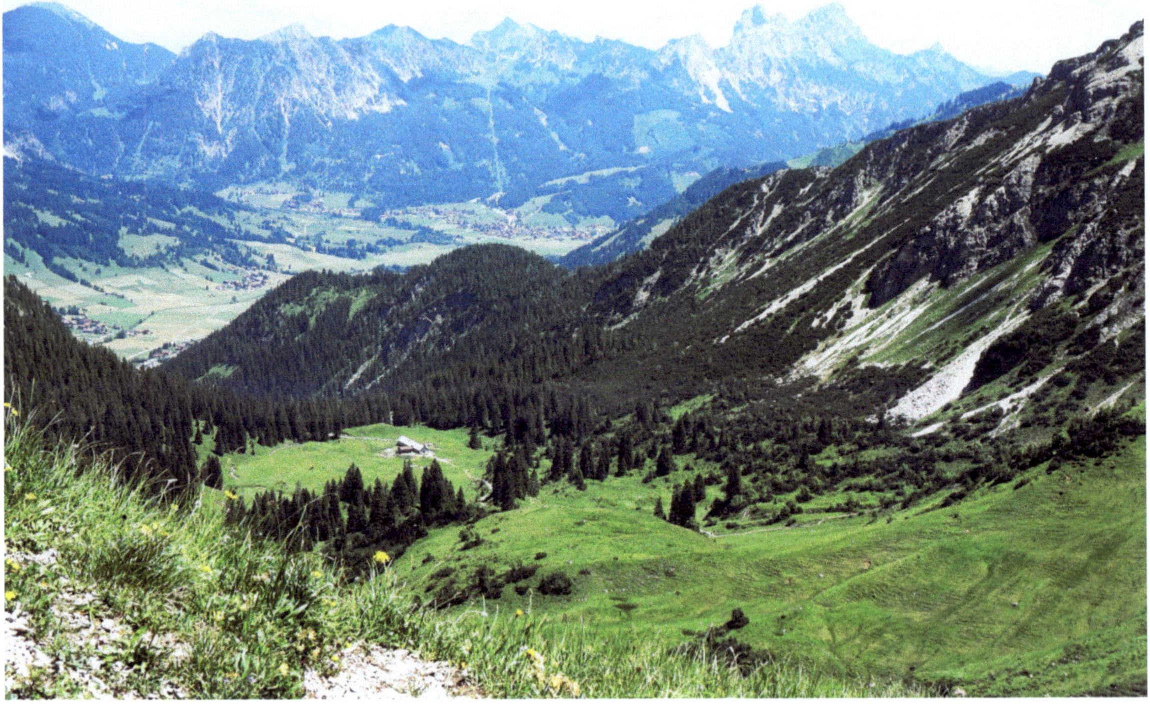

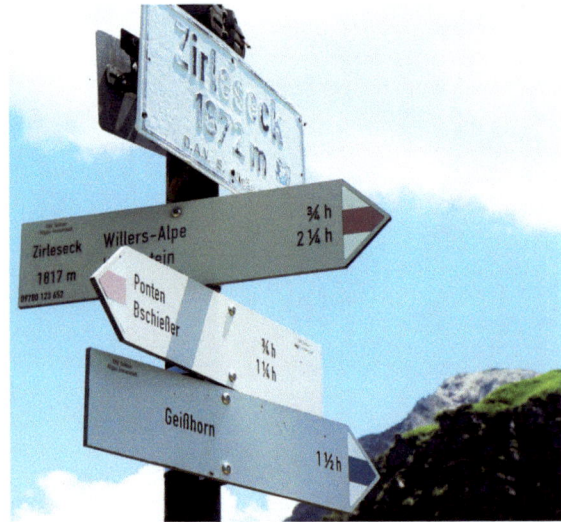

Im Bild rechts zeigt der Wegweiser als Ort Zirleseck mit 1.817 Meter an. Auf der alten Tafel darüber stehen 1.872 Meter. Diese Höhe wird aufwärts wandernd erst nach einigen Minuten auf dem Tiroler Zirlesegg erreicht.

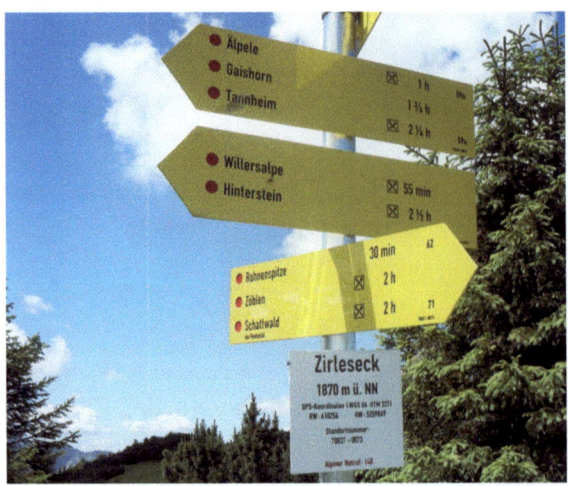

Am Zirlesegg weist die Tafel auf eine Höhe von 1.870 Metern. Im Kartenmaterial wird dieser Ort als Zirlesegg bezeichnet. So wird diese Stelle in Tirol das Zirlesegg sein.

Zirlesegg in Tirol

Das linke Bild zeigt ein Gedenkkreuz am Zirlesegg mit Ponten im Hintergrund. Am rechten Bild lockt Gaishorn und Rauhhorn zum Besuch.

Der am nächsten liegende Berg ist die 1.992 Meter hohe Rohnenspitze. Wer den Bschießer von Schattwald oder Zöblern besucht, kann diesen Gipfel und auch den 2.043 Meter hohen Ponten auf einer Rundtour besteigen.

Das Foto entstand nach fünf Minuten Wanderzeit vom Zirlesegg Richtung Rohnenspitze. Bei guter Kondition ist die Rohenspitze laut Wegweiser in einer halben Stunde Aufstieg erreichbar.

Das Bild zeigt den Aufstieg zur Rohnenspitze, der alternativ auf dem Wege zum Bschießer besucht werden kann.

Zwischen Zirlesegg und Aufstieg zum Ponten

Im leichten Auf und Ab führt der Weg jetzt in Richtung Bschießer.

Beim Blick nach Süden in die Allgäuer Bergwelt zeigt sich dominant der Hochvogel (2.592 m). Links im Bild ist das Rauhhorn zu sehen.

Sehenswert ist auch der Blick nach vorne auf den Wanderweg und die nahe Landschaft (Bild unten).

Im Rückblick zeigt sich das Zirlesegg, dahinter das Gaishorn und Rauhhorn.

Am Aufstieg zum Ponten vom Weg zum Bschießer

Angekommen auf 1.923 Metern Höhe weist ein Schild an der Felswand den Steig hoch zum Ponten.

Alternativ ist der viertelstündige Aufstieg auf 2.043 Meter zu empfehlen, zumal vom Ponten ein weiterer Steig nach wenigen Metern zurück führt. Das Bild zeigt den Blick auf den vom Ponten herab führenden Weg.

Bald wird der Blick frei auf den Verlauf des Bergpfades zum Bschießer. Auf dem rechten Bild ist der weitere Aufstieg und das Gipfelkreuz (ganz rechts im Bild) sichtbar.

Auf dem Bschießer

Kurz vor dem Gipfel auf dem Berg-kamm sind es nur noch wenige Schrit-te zum Gipfelkreuz. Im Hintergrund dehnt sich das Alpenvorland aus.

Auf dem 2.000 Meter hohen Gipfel begeistert der Rundumblick, begin-nend in Richtung südosten mit Rohnenspitze und Ponten bis zum Gaishorn und Rauhhorn.

Der Blick schweift über den Berg-kammpfad zwischen Ponten und Bschießer und dem Steig herauf. Dahinter ragen Gaishorn, Rauhhorn und rechts der Hochvogel hoch.

11

![Blick vom Bschießer zum Großer Daumen mit Gebetsfahnen im Vordergrund]

Abstieg zur Zipfelsalpe

Nach dem Eintrag in das Gipfelbuch wird der Abstieg in Angriff genommen. Zum Abschied ein Blick zurück auf das Gipfelkreuz, wie es am unteren Bild zu sehen ist.

Das bequem und leicht absteigende Wandern zur Zipfelsalpe dauert eine Stunde.

Das untere Bild zeigt den Blick nach Norden. Zu sehen sind hinter dem Iseler der Grünten und im Illertal vor der Nagelfluhkette Sonthofen im Dunst. Auch die Zipfelsalpe ist links im Bild zu erkennen.

Die weiteren Blicke zurück auf den Bschießer erfreuen besonders fotografierende Wanderer.

Wohltuend ist vor dem Abstieg über die Zipfels-fälle der Besuch der einladenden Zipfelsalpe.

Von der Terrasse aus gibt es einen schönen Blick auf den Spießer und es begeistert die Aussicht in Richtung der Hindelanger Bergwelt.

Zipfelsalpe über Zipfelsfälle und Willersalpe

Beim Abstieg zum Hintersteiner Tal präsentieren sich stetig wechselnde Gipfel. Imponierend wirkt hier, wie auf dem Bild gezeigt, der Hochvogel.

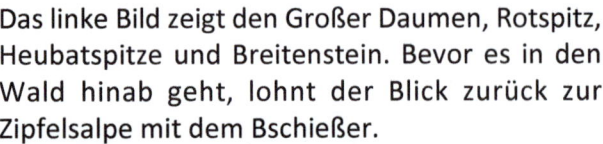

Das linke Bild zeigt den Großer Daumen, Rotspitz, Heubatspitze und Breitenstein. Bevor es in den Wald hinab geht, lohnt der Blick zurück zur Zipfelsalpe mit dem Bschießer.

Den Abstieg begleiten die Zipfelsfälle bis kurz vor Hinterstein.

besser beleuchtet sind die Fälle vormittags. Wer dies zum Fotografieren nutzen will, beginnt Richtung Zipfelsalpe die Rundstrecke über den Bschießer.

Tourendaten und Streckenkarte

Gehzeit 7,5 Stunden, Strecke 15 Kilometer, Aufstieg 1.200 Meter, Leistung 54

Strecke: Hinterstein - Köpfle - Willersalpe - Zirlesegg - Bschießer - Zipfelsalpe

Hindelang Giebelhaus
Schwarzenberghütte
Fototour im Allgäu

Primapage
Tour 2 A3-11

Am Ufer der Ostrach Blick auf den Giebel und links an der Straße die Hubertuskapelle.

2 Bad Hindelang - Giebelhaus - Schwarzenberghütte

Die Tour im Allgäu, Bad Hindelang, Hinterstein zum Giebelhaus am Ursprung der Ostrach schenkt eindrucksvolle Ausblicke in die Allgäuer Bergwelt. Alternativ lohnt der Rückweg über die Schwarzenberghütte. Der Bus nimmt an jeder Stelle der Straße Wanderer auf. So können Teilstrecken nach Belieben den Ausflug verkürzen.

Die Tour von Bad Hindelang, Hinterstein, "Auf der Höh" zum Giebelhaus zeigt viele eindrucksvolle Blicke in die Bergwelt. Auf acht Kilometer Länge erlauben die für den allgemeinen Verkehr gesperrte Straße und ein Wanderweg ein besonders bequemes Wanderen oder Radfahren.

Alternativ bietet der empfehlenswerte Rückweg über Engeratsgund Hof, Käseralpe und Schwarzenberghütte wunderbare Blicke auf die Hindelanger Berge.

Angenehm ist der schattige Rückweg durch den Wald zur Straße nahe der Hubertuskapelle. Sechs Kilometer auf der Straße nach Hinterstein schenken schöne Ausblicke.

Der stündlich zwischen Hinterstein und Giebelhaus pendelnde Bus erlaubt jederzeit ein Zu- und Aussteigen. Das hilft die Tour beliebig zu kürzen. Beispielsweise ist, nach der Busfahrt, das Wandern ab dem Giebelhaus zur Schwarzenberghütte mit Abstieg zur Hubertus Kapelle eine wundervolle Variante.

17

Vom Parkplatz bis zum Konstanzer Jägerhaus

Schon bei der Ankunft auf dem Parkplatz "Auf der Höh" wartet ein schöner Ausblick auf die Berge Hindelangs. Sobald der Parkautomat gefüttert wurde, kann es losgehen.

Sanft steigt der breite Wanderweg von Bank zu Bank mit stets neuen Motiven: Ein Kreuz, ein Mini-Berg und ein junges Bäumchen.

Bald führt der Weg auf der Brücke über den Willersbach. Im leichten Aufstieg zeigen sich schöne Berg- und Almwiesen-Motive.

Kurz nach der Wegemündung in die Straße zum Giebelhaus nahe dem Konstanzer Jägerhaus bietet sich der weite Blick hinaus ins Hintersteiner Tal. Etwa eine halbe Stunde braucht es bis zum Gasthof.

Vom Konstanzer Jägerhaus bis zur "In der Eisenbreche"

Nicht nur von der Bushaltestelle am Konstanzer Jägerhaus, sondern auf der gesamten Giebelhausstraße nimmt der Busfahrer Wanderer beim Hin- und Rückweg auf.

Schattig geht es zu Fuß leicht bergan. Rechts weiden neugierige Rinder auf sonnigen Almwiesen. An der Straße zeigt sich ein kleiner Wasserfall und der Blick hinab zur Ostrach.

Später sind germanische Nornen an der Felswand mit weiterem Sehenswerten am Straßenrand angebracht.

Die Bilder zeigen Blicke vom Aussichtsplatz der Klamm "In der Eisenbreche". Er liegt 85 Meter über der Ostrach. Das stabile Gelände bietet Sicherheit.

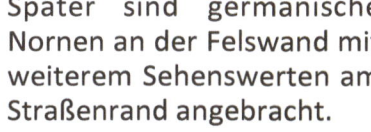

Laut Wegweiser sind es ab hier zum Giebelhaus 1,5 Stunden und zur Schwarzenberghütte 2,25 Stunden).

Weiter zur Hubertus Kapelle

Nach jeder Straßenbiegung warten neue Ausblicke auf Berge und Seitentäler.

Immer wieder Blicke zurück verlocken zum Fotografieren. Bei der Rückfahrt mit dem Bus entfällt diese Gelegenheit der Aufnahmen.

Das Tal weitet sich. An der linken Seite der Straße öffnet sich der Blick auf die Berge. Bald zeigt sich vorne fern die dominant geformte 2.367 Meter hohe Kreuzspitze nahe des Hochvogels. Zwölffach vergrößert zur Erinnerung wirkt der Gipfel besonders detailreich.

Das Tal wird jetzt breiter. Ein Seitental nach Osten erfreut das Auge (Bild rechts). Die Straße windet sich leicht bergauf. Der nahe Giebel wird sichtbar (Bild rechts unten).

Im Rückblick flussabwärts ist der Beginn der Klamm "In der Eisenbreche" zu sehen. Es ist eine wundervolle Aussicht (Bild unten).

Beim Weitergehen lockt, alternativ zur Straße, rechts ein Pfad zum Ufer der jungen Ostrach. Am Ufer entlang mündet dieser Weg vor der Hubertuskapelle in die Straße.

Am Wiesenende zeigt sich die Kapelle. Im Hintergrund dominiert der Giebel.

Hubertus Kapelle - Giebelhaus

Nach zwei Stunden Wandern ist die Hubertuskapelle erreicht. Sehenswert ist das Innere der Kapelle. Für die restliche dreiviertel Stunde bis zum Giebelhaus lädt alternativ ein breiter, bequemer Fußweg kurz nach der Kapelle links vor der Brücke ein, die Straße zu verlassen. Aussichten und schöne Fotomotive sprechen dafür.

Nun geht es in den kühlen Wald hinein. Noch einen Blick auf den Giebel. Mitte Mai waren noch Schneereste im Wald. So waren einige Meter des Weges nur mit einem Pfad verbunden. Aus dem Wald heraus zeigt sich bald das Giebelhaus.

Von der Brücke und an der Brücke über den Obertalbach wenige Schritte vor dem Giebelhaus zeigt sich der Ursprung der Ostrach beim Zusammenfluss des Obertalbaches (im Vordergrund) und des Bärgündelesbaches.

Vor der Einkehr ins Giebelhaus oder der weiteren Wanderung lohnt der Blick auf die Landschaft der jungen Ostrach.

Rückweg über Käseralpe und Schwarzenberghütte
Vom Giebelhaus über den Engeratsgund Hof zur Käseralpe

Der alternative Rückweg beginnt leicht steigend auf dem Sträßchen ins Obertal. Zu Beginn begeistert der Blick am Giebelhaus vorbei ins Bärgündeletal. Nach vorn erfreuen schöne Ausichten ins Obertal.

Wahlweise führt eine Straße, lohnend für Radfahrer, direkt zur Schwarzenberghütte. Schönere Blicke schenkt der Bergsteig ab dem Engeratsgund Hof zur Käseralpe.

Wunderbare Aussichten zeigen sich nach etwa zwei Drittel des Anstiegs zu der auf 1.400 Meter hoch gelegen Käseralpe. Der Bergsteig durch die Wiesen ist nach dem Verlassen der Staße eine angenehme Abwechslung. Die Bilder zeigen Aussichten und Steig.

Käseralpe - Schwarzenberghütte

Oben links: Rückblick herrliche Aussicht zur Käseralpe, oben rechts: Blick in Richtung Glasfelderkopf.

Die Straße führt von der Käseralpe in Richtung Schwarzenberghütte. Wenige Schritte später lockt ein alter Wegweiser den Engeratsgundsee zu besuchen.

Das Bild zeigt den Großer Daumen (2.280 Meter linker Gipfel) und den Wegweiser rechts im Bild.

Am Bild oben links grüßen die Gipfel der Laufbichelkirche vor der Querung des Baches zur anderen Talseite. Im rechten, oberen Bild ist die schöne Lage der Käseralpe am Fuße der Laufbichelkirche zu sehen.

Der Blick nach vorn ins Hintersteiner Tal zeigt die imposante Bergwelt Bad Hindelangs. Wenige Minuten später weist eine Tafel zur Schwarzenberghütte.

Trotz Gegenlicht gelingt es den Giebel mit den alten Bäumen im Vordergrund zu fotografieren. Nach Rast und guter Brotzeit wird es Zeit für den Abstieg.

Rückweg zur Giebelstraße

Der bequem durch den Wald führende Weg gibt Blicke auf die Berge frei. Später geht es durch Wiesen vorbei an alten, vom Wetter gezeichneten Bäumen.

Nach einer Stunde ist die Giebelstraße erreicht. Wer müde ist, fährt von hier oder von der Kapelle mit dem Bus nach Bad Hindelang zurück.

Der Wanderer genießt auf der Brücke über die Ostrach zum Abschied den Blick zum Giebel. Wenige Minuten später wird die Hubertus Kapelle erreicht.

Wandern von Oberstdorf und Sonthofen bis Bad Hindelang Bildband 48 Touren im Allgäu (Tourenliste Seite 39).

Der Bildband schenkt mit bis zu sechs Bildern je Tour Vorfreude auf die Ausflüge. Sie zeigen den Charakter der Allgäuer Landschaften. Infos über Wanderzeit, Länge, Dauer, Höhendifferenz und Leistungsbedarf helfen beim Tourenvergleich. Karten zeigen alle Wanderstrecken.

Der Bildband enthält die drei hier gezeigten Touren.

Daten zur Wanderung

Die Strecke vom Parkplatz Hinterstein bis zum Giebelhaus ist wie beschrieben, auf dem Wanderweg 8,4 Kilomete lang.

Auf der Straße bleibend sind es acht Kilometer. Die Wegweiser zeigen zwei dreiviertel Stunden.

Entfernung vom Parkplatz "Auf der Höh" bis Giebelhaus 8 - 8,4 km, davon:

    1.800 m Einmündung Weg in Straße
      450 m Konstanzer Jägerhaus
      850 m E-Werk Auele
    3.300 m Bushalt Schwarzenberghütte
    1.600 m Giebelhaus auf Straße oder
    2.000 m über Wanderweg.

1: Hinterstein - Giebelhaus Rückweg Bus)
   Wanderzeit etwa zwei Stunden,
   Höhendifferenz etwa 170 Meter,
   Länge 8 - 8,4 km, Leistungszahl = 16.

2: Rückweg Schwarzenberghütte
   Wanderzeit dreieinhalb Stunden,
   Höhendifferenz etwa 360 Meter,
   Länge = 11,6 km, Leistungsgszahl = 26.

1 und 2: Gesamte Wanderung zu Fuß
   Wanderzeit = fünfeinhalb Stunden,
   Höhendifferenz = 530 Meter,
   Länge = 20km, Leistungszahl = 42.

Rechnen Leistungszahl: je ein Punkt für 30 Min. Wanderzeit + 50 Höhenmeter + 1 km.

Plan Tour 2 Giebelhaus und Tour 3 Schrecksee

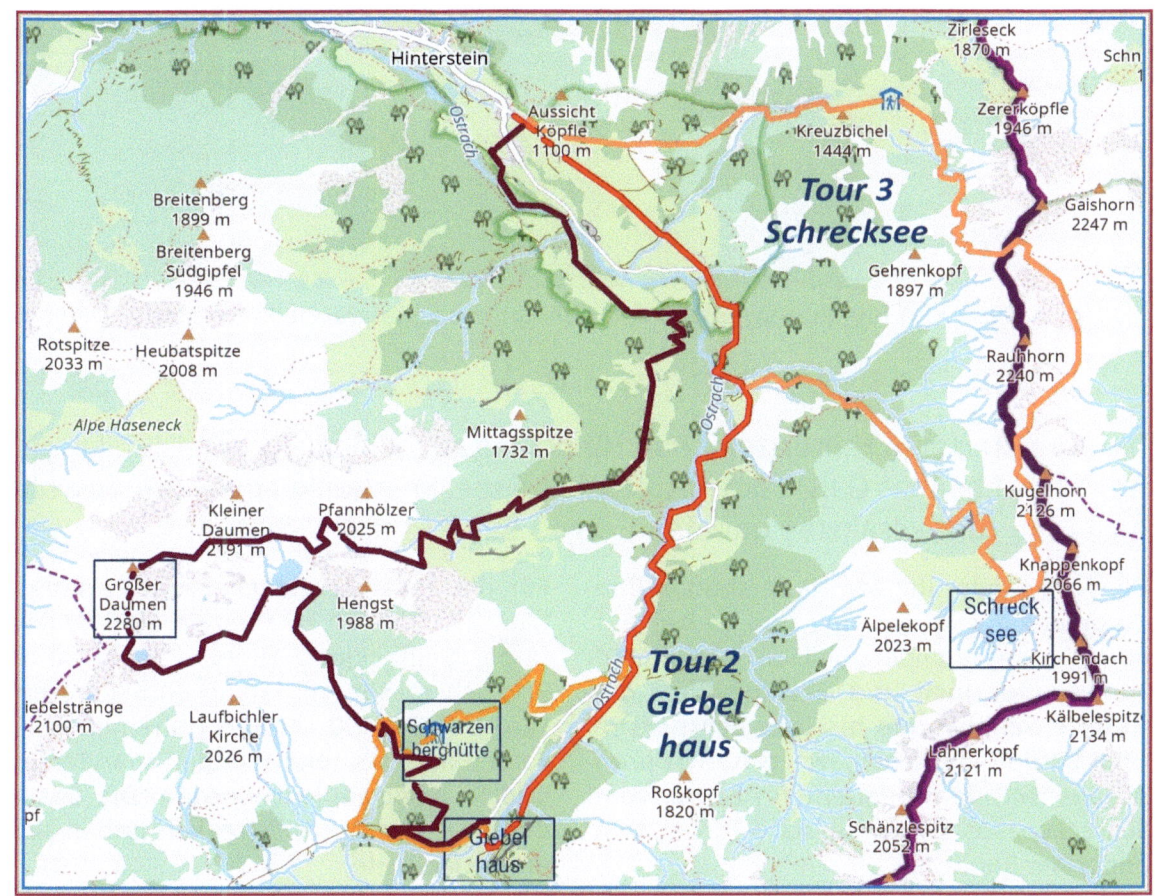

Hindelang Willersalpe Schrecksee

Fototour im Allgäu

primapage
Tour 3 - A3-12

Blick vom Jubiläumsweg aus von der Hintere Schafwanne kommend.

3 Hindelang Willeralpe Jubiläumsweg Schrecksee

Die Tour startet in Hinterstein, Bad Hindelang zur Willersalpe. Der Jubiläumsweg führt über das Gaiseckjoch zum Schrecksee. Er schenkt abwechslungsvolle Ausblicke zum Vilsalpsee und den Bergen Bayerns und Tirols.

Die Bergwanderung von Hinterstein in Bad Hindelang zur Willersalpe und weiter auf dem hier beginnenden Jubiläumsweg hinauf zum Geißeckjoch und Gaisegg über die Hintere Schafwanne bis zum Schrecksee zählt zu den empfehlenswertesten Touren Allgäus. Mit dem bequemen Abstieg vom Schrecksee ins Ostrachtal nach Hinterstein endet die Rundtour.

Für die gesamte Strecke vom Parkplatz "Auf der Höh" in Hinterstein über Willersalpe, Geißeckjoch, Hintere Schafwanne und Schrecksee mit knapp 20 Kilometern Länge und 1.400 Metern Höhendifferenz sollten acht bis zehn Stunden Wanderzeit und Rastzeit geplant werden. Die Daten der Tour und der Teilstrecken finden sich am Artikelende.

1 Hinterstein - Willers-Alpe

Bild oben: Hintere Schafwanne, Blick auf den Vilsalpsee.

Der Rückblick ins Hintersteiner Tal wird aus dem Wald kommend sichtbar. Es grüßen der Großer Daumen, Rotspitz und Breitenberg herüber.

Im Blick nach vorne zeigt sich die Willersalpe am nahen Horizont.

Die etwa 3.500 Meter lange Strecke der ersten Etappe führt auf der Almstraße und gutem Wege zur 1.456 Meter hoch gelegenen Willers-Alpe.

2 Aufstieg zur Vordere Schafwanne (Geißeckjoch)

Im Auge behalten: Oberhalb des Weges weidende Tiere lösen ab und zu Steine aus.

Zu Beginn wandert es sich mäßig steigend komfortabel. Spätern wird der Jubiläumsweg steiler und Abschnitte mit Geröll erfordert Achtsamkeit.

Der Aufstieg zum 2.048 Meter hohen Geißeckjoch dauert 105 Minuten. Der Steig gewinnt auf 3.000 Metern 592 Höhenmeter. Nun reicht der Blick hinaus über das Ostrachtal nach Sonthofen, dem Illertal und in die Allgäuer Bergwelt.

Auf der Tiroler Seite der Grenze zu Bayern wird nach wenigen Minuten das Gaisegg erreicht.

Zwischen Vordere Schafwanne und Gaisegg

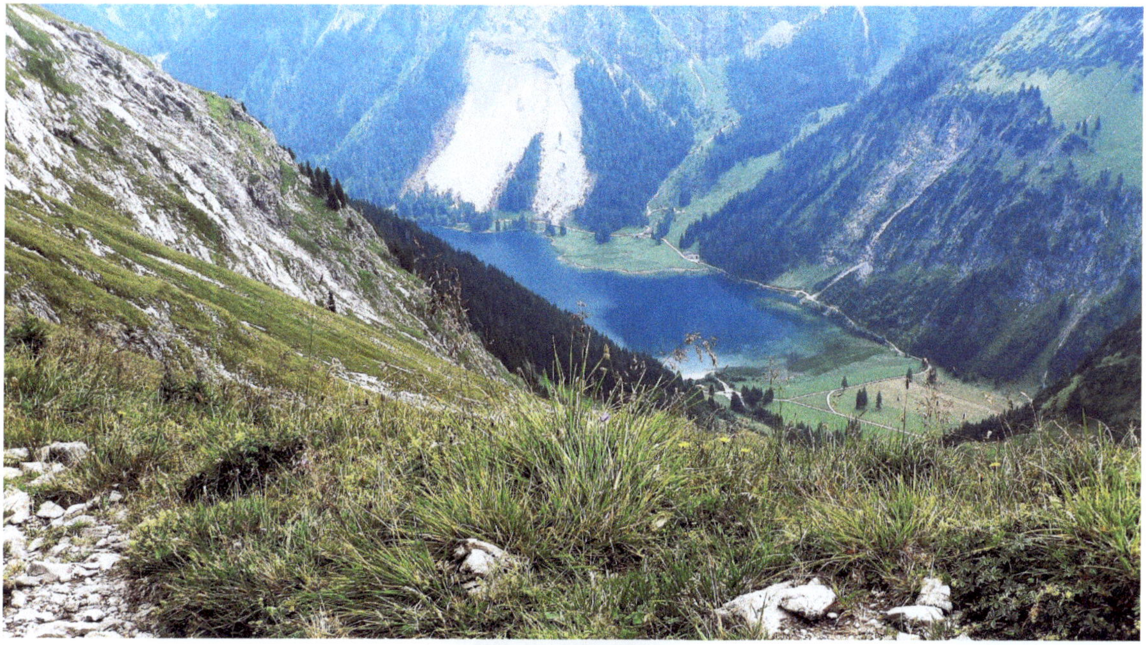

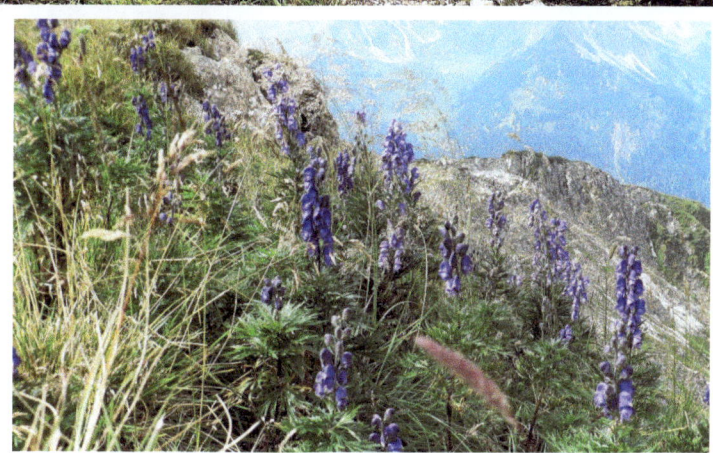

Atemberaubend ist an der Vordere Schafwanne plötzlich der freie Blick zum Vilsalpsee. Westlich zeigen sich Großer Daumen und Rotspitz (rechtes Bild).

Rechts steigt das Rauhhorn empor. Der Gipfel mit Kreuz ist im Hintergrund mit dem Grad davor zu sehen (Bild links unten).

Im Nordwesten zeigen sich Bschießer und Ponten. (Bild rechts unten).

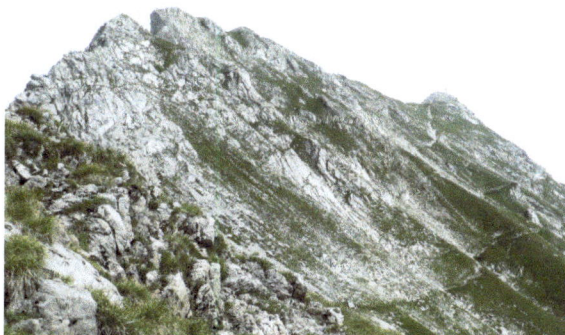

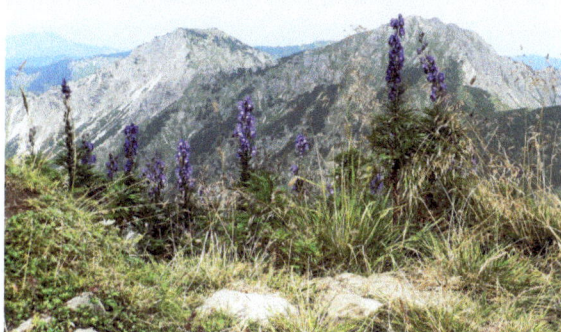

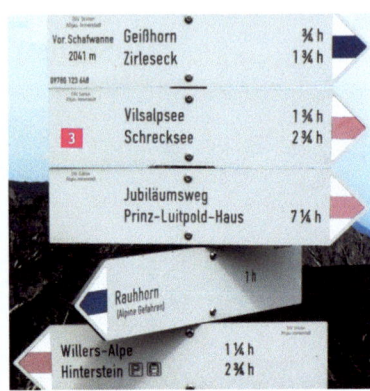

Der Steig lockt hier wahlweise über das Rauhhorn zu wandern. Der Höhenunterschied gleicht der Normalroute.

Der Wegweiser mahnt mit dem Hinweis alpine Gefahren. Nach 90 Minuten wird bei der "Hintere Schafwanne" wieder der Jubiläumsweg erreicht.

3 Auf Tiroler Seite Gaisegg - Abzweig Vilsalpe (Schäferkopf)

Jetzt geht es weiter auf dem Jubiläumsweg moderat abwärts Richtung Vilsalpsee.

Am Bild oben ist sehr gut der Grat und das Rauhhorn zu sehen.

Alternativ kann das 2.248 Meter hohe Gaishorn besucht werden. Das verlängert die Tour um 1,5 Stunden.

Im linken Bild ist das Gipfelkreuz des Gaishorns erkennbar.

Der Jubiläumsweg führt auf der Tiroler Hangseite bis zur Höhe von 1.824 Metern hinab. Die 1.290 Meter lange Teilstrecke erfordert etwa 40 Minuten Wanderzeit.

Immer wieder begeistert der Blick vom meist eben verlaufenden Jubiläumsweg zum Vilsalpsee und in die Bergwelt dieses Naturschutzgebiets.

4 Zur Hintere Schafwanne

Weiter führt die Etappe am Hang zur Hintere Schafwanne auf 1.985 Meter Höhe mit beglückenden Ausblicken nach vorn und zurück.

Wandernd zum 160 Meter höher gelegenen nächsten Etappenziel Hintere Schafwanne baut sich imposant das Kugelhorn auf.

Nach 1.580 Meter Weglänge und 50 Minuten ist nun mit 9.350 Metern etwa die Hälfte der Wegstrecke erwandert.

Auf der Hintere Schafwanne heißt es jetzt Abschied nehmen von den herrlichen Ausblicken zum Vilsalpsee.

Rechter Hand lockt ein Bergpfad hoch zum Überschreiten des Kugelhorns auf der bayerisch-Tiroler Grenze (Bild auf der vorigen Seite).

Die Alternative zum Jubiläumsweg führt zum 2.126 Meter hohen Kugelhorn und dem mit 2.066 Meter etwas niedrigeren Knappenhorn.

5 Zum Schrecksee

Die Vordere- und Hintere Schafwanne sind aussichtsreiche Etappenziele dieser langen, landschaftlich prächtigen Bergwanderung.

Vom Jubiläumsweg aus geht der Blick nach oben zum Kugelhorn. Wie die Bilder zeigen, erfreuen am Wegesrand unterwegs viele Alpenblumen den Wanderer.

Der Schrecksee - auf 1.825 Meter gelegen - ist nach 1.750 Metern Wanderstrecke in einer halben Stunde erreicht. Vorher gewinnt der Jubiläumsweg noch etwa 30 Meter an Höhe, ehe ein Steig zum Ufer hinab führt.

6 Vom Schrecksee zum Kraftwerk Auele, Giebelstraße

Beim Abzweig zum Schrecksee wird der Jubiläumsweg verlassen (Bild rechts). Nahe der Stelle zeigt sich schön der gesamte See mit Insel (siehe Titelbild).

Zehn Minuten später wird die Gedenkstätte am Schrecksee erreicht (großes Bild unten). An diesem Ort mit Seeblick lohnt eine Pause (Ausblick Bild unten). Die herrliche Landschaft verdient ausgiebig bestaunt und fotografiert zu werden.

Bis zum Kraftwerk Auele im Tal sind es über fünf Kilometer Wegstrecke von 1.825 auf 935 Meter Höhe NN. Bald wird der für den Almauftrieb angelege Weg breiter.

Allerdings ist es hilfreich, an den geschotterten Passagen die Drahtseile - meist links - gegen eventuelles Ausrutschen zu verwenden.

7 Zum Parkplatz Auf der Höh

An der Giebelstraße beim Kraftwerk Au endet der Weg. Ab hier spart bei Bedarf der Bus 3.300 Meter Fußweg und 40 Minuten Zeit.

1.000 Meter auf der Giebelstraße weiter wandernd, lädt das Konstanzer Jägerhaus zur Einkehr ein. Der schöne Blick in das Hintersteiner Tal bei einem Haferl Kaffee und Kuchen ist ein besonderer Genuss.

Der Busfahrer nimmt an jeder Stelle der Straße bis viertel nach 18 Uhr stündlich an der Straße Wanderer mit. So kann beim Konstanzer Jägerhaus oder bis zum Abzweig des Wanderweges die Tour mit der Busfahrt beendet werden.

Bilder oben: Ausblick hinab auf die junge Ostrach und Wanderweg mit Brücke.
Bilder unten: Kurz vor dem Parkplatz "Auf der Höh" locken Bänke und herrliche Rückblicke ins Ostrachtal.

Tourendaten Schrecksee via Willers-Alpe

Etappe, Beginn, Ort, Ziel		Strecke Meter	Meter kumuliert	Höhe m NN	Berg auf +	Berg auf hm	Gehzeit Stunden
P	Hinterstein			880			
1	Willers-Alpe	3.520	3.520	1.456		576	01:33
2	Geisseckjoch	2.960	6.480	2.048		592	02:08
3	Abzweig Vilsalpe	1.290	7.770	1.824	20	0	00:37
4	Hintere Schafwanne	1.580	9.350	1.985		161	00:49
5	Schrecksee Gedenkstein	1.750	11.100	1.825	30	0	00:28
6	Kraftwerk Auele	5.110	16.210	935		0	02:17
7	Hinterstein	3.310	19.520	880	30	0	00:39
	Gesamt				80	1.329	08:31
	Tour Schrecksee	Meter	Höhe m	Gehzeit		Ges.zeit	Wegweiser
	via Willersalpe	19.520	1.409	8,50		10,75	9,50
	Leistungsbedarf	19,5 +	28,2 +	17,5 =	65,2		

Die Zeit 9,5 Stunden unter "Wegweiser" ist das Ergebnis der Wegweiser-Zeiten aller Etappen.

Tourenstrecken und Etappen Schrecksee via Willers-Alpe

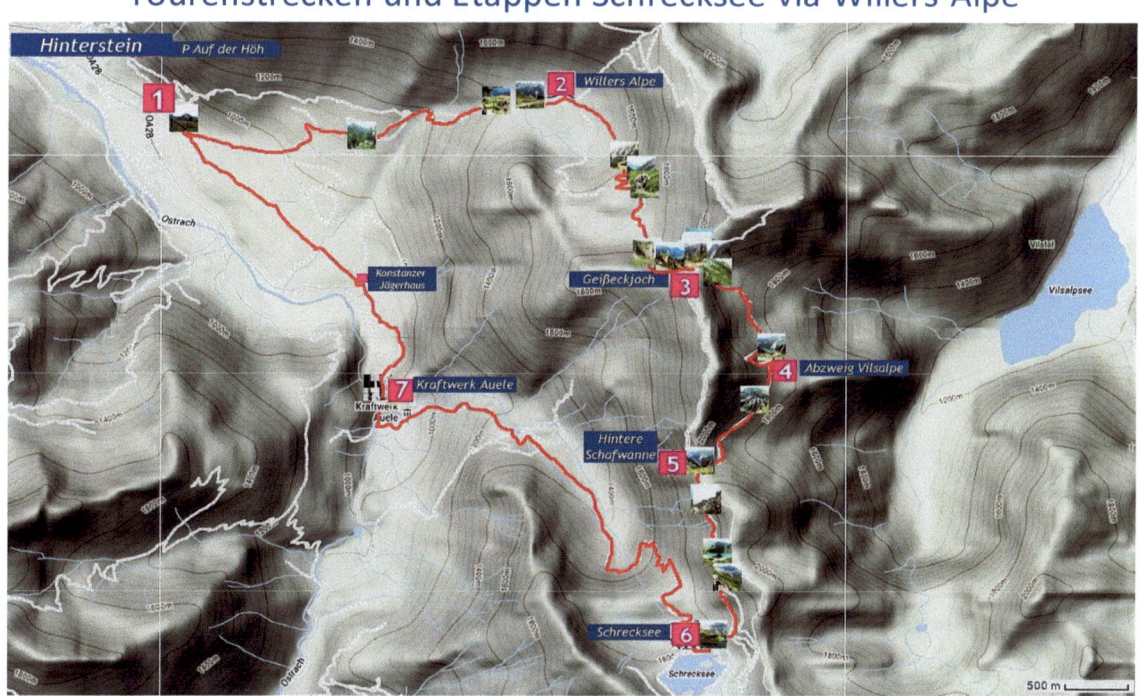

Es folgt die Liste aller Touren nach

Leistungsbedarf aus dem Bildband

Wandern von Oberstdorf und Sonthofen bis

Bad Hindelang Bildband 48 Touren im Allgäu

ISBN 9783 749 498 307

für weitere, empfehlenswerte Wanderungen.

Liste 1 aller Touren nach Leistungsbedarf

Band Nr	Stunden	km	Höhe m	Leistung Titel (Alternative) Strecke

Leistung bis 20 - Kurze Touren bis drei Stunden

Band Nr	Stunden	km	Höhe m	Leistung Titel (Alternative) Strecke
2 2	1	3	80	7 = Gunzesried Säge - Ostertal-Tobelweg - Buhls Alpe
1 8	1,5	5	10	8 = Lorettokapelle - Promenadenweg - Stillach - Renksteg
3 2	1,75	5,5	250	14 = Hindelang - Nusche - Gailenberg
4 3	2	8,7	150	16 = Burgberg - Auf dem Ried - Höfle Rundweg - Knappenhock
1 4	2,5	10	30	16 = Fischen (Oberstdorf) - Illerursprung
3 11b	2	8,4	170	16 = Hinterstein - Giebelhaus - Bus
4 4	2,25	6,9	240	16 = Ruine Burgberg - Auf dem Ried - Starzlachklamm - Winkel
4 10	2,5	9	150	16 = Sonthofen - Ostrachtal - Imberg - Margarethen
2 12	2,25	8,2	280	18 = Bühl - Großer Alpsee - Siedelalpe - Alpe Schönesreuth
3 3	2,5	6,4	340	18 = Hinterstein - Schleierfall - Cafe Horn
2 1	2,75	7,1	335	20 = Alpe Eck - Ofterschwanger Horn

Leistung 21 bis 27 - Kurze Halbtagestouren

Band Nr	Stunden	km	Höhe m	Leistung Titel (Alternative) Strecke
1 11	3,0	10	310	22 = Obermaiselstein - Judenkirche - Tiefenbach
3 8	2,75	8,3	430	22 = Schattwald - Stuibenalpe
4 9	3,25	7,5	500	24 = Imberg - Strausberg - Imberger Horn
4 1	3	6	700	26 = Burgberg - Burgberger Hörnle - Funkenweg - Grüntenhaus
3 11s	3,5	11,6	360	26 = Bus - Giebelhaus - Schwarzenberghütte - Hinterstein
4 11	3,2	9	530	26 = Imberg - Sonthofer Hof - Altstädter Hof - Strausberghütte
2 3	3,75	10,6	460	27 = Gunzesried Säge - Ostertal - Ofterschwanger Horn
3 3h	3,5	9	565	27 = Hinterstein - Schleierfall - Cafe Horn - Hornalpe
4 7	3	9,8	570	27 = Imberg - Burgschrofen - Naturpark Strausberg

Leistung 28 bis 33 - Halbtagestouren

Band Nr	Stunden	km	Höhe m	Leistung Titel (Alternative) Strecke
2 11	3	10	600	28 = Gunzesried - Tobelweg - Mittag - Vordere Krumbachalpe
1 10	3,5	8,1	620	28 = Riedbergstraße - Schönbergalpe - Besler
2 6	4	8,8	550	28 = Scheidwangalpe - Hochgrat - Brunnenauscharte
2 7a	4	8	570	28 = Scheidwangalpe - Rindalphorn - Gelchenwanger Kopf
4 5	3,5	14	400	29 = Berghofen - Berghoferwald Alpe - Kapf - Burgstalltobel
4 6	4	10,5	580	30 = Breiten - Alpe Klank - Boaleskopf - Tiefenbacher Eck
2 5	4	8	700	30 = Gunzesried, Aubachtal - Siplinger Nadeln - Siplinger Kopf
4 12	4	10	750	33 = Altstädten - Hubertusfall - Altstädter Hof - Hinanger Wasserfall
4 1a	4	10	750	33 = Burgberg - Burgberger Hörnle - Grüntenhaus - Schwandalpe
4 2	4	9	800	33 = Burgberg - Grünten - Schwandalpe
2 4	4,75	11,4	620	33 = Ostertal - Rangiswanger Horn - Fahnengehren Alpe

Liste 2 aller Touren nach Leistungsbedarf

Band Nr	Stunden	km	Höhe m	Leistung Titel (Alternative) Strecke

ab Leistung 34 - Kürzere Tagestouren

Band Nr	Stunden	km	Höhe m	Leistung Titel (Alternative) Strecke
4 8	4,25	11,8	750	35 = Naturpark Strausberg - Cafe Horn - Sennalpe Mitterhaus
1 1b	4,5	8,8	850	35 = Schöllang, Oberstdorf - Schnippenkopf - Gaisalpe
1 9	5	16,5	475	36 = Breitachklamm - Hörnlepass - Alpe Dornach
4 2a	4,5	11	800	36 = Burgberg - Grünten - Roßalpe
1 12	4,5	11,5	830	37 = Bolsterlang - Rangiswangerhorn - Weiherkopf
2 7b	5,5	11,5	825	39 = Scheidwangalpe - Rindalphorn - Au-Alpe
2 9	5	12	900	40 = Gunzesried Säge - Stuiben - Sedererstuiben
2 10	5	13,3	850	40 = Gunzesried - Vordere Krumbachalpe - Steineberg

ab Leistung 41 - Mittlere Tagestouren

Band Nr	Stunden	km	Höhe m	Leistung Titel (Alternative) Strecke
2 8	5,75	11	900	41 = Aubachtal - Gündleskopf - Buralpkopf - Gatter Alpe
3 1	5,25	12,4	950	42 = Bad Hindelang - Hirschberg - Alpe Klank - Spieser
3 11	5,5	20	540	42 = Hinterstein - Giebelhaus - Schwarzenberghütte ohne Bus
1 1a	5,25	11,2	1050	43 = Hinang, Sonthofen - Schnippenkopf - Gaisalpe
3 10t	6	12	1025	45 = Giebelhaus - Engeratsgundsee - Türle - Hinterstein
1 5	6,75	14,5	926	47 = Spielmannsau - Kemptner Hütte - Mädelekopf
3 6	6,25	15,9	1070	50 = Hinterstein - Zipfelsalpe - Iseler - Vaterlandsweg
3 4	7	15,6	1075	51 = Hinterstein - Häbelesgund - Breitenberg
3 7	7,5	15	1200	54 = Hinterstein - Willersalpe - Bschiesser - Zipfelsalpe

ab Leistung 54 - Längere Tagestouren

Band Nr	Stunden	km	Höhe m	Leistung Titel (Alternative) Strecke
1 7	6,0	22	990	54 = Oytal - Käseralpe - Älpele Sattel - Gerstruben
1 2	7,5	12,3	1311	54 = Reichenbach - Entschenkopf - Gaisalpseen
3 5	7	16,5	1215	55 = Hinterstein - Häbelesgund - Rotspitz - Alpe Mitterhaus
3 9	7,5	17,1	1145	55 = Tannheim - Älpele - Gaishorn - Vilsalpsee
1 3	7,0	15,2	1335	56 = Reichenbach - Rubihorn - Vordere Seealpe
3 10d	9	19	1300	63 = Giebelhaus - Engeratsgundsee - (Daumen) - Hinterstein
3 12	8,75	19,5	1409	65 = Hinterstein - Willersalpe - Jubiläumsweg - Schrecksee
1 6	10,5	20,5	1775	77 = Spielmannsau - Mädelegabel - Alpe Eschbach

Die Liste ist sortiert nach der Leistung (Leistungsbedarf). Das hilft beim Planen der Touren und ergibt sich aus einem Punkt je:

- 1 KILOMETER WANDERSTRECKE,
- 30 MINUTEN GEHZEIT UND
- 50 METER HÖHENDIFFERENZ.